ÚTMUTATÓ AZ NFT BEFEKTETÉSEKHEZ

Tanuljon Meg Profitálni Az Nft, Metaverzum, És A Kripto Játékok Kapcsolatából

Wayne Walker

TARTALOMJEGYZÉK

BEVEZETÉS

Üdvözöljük az NFT-k (non-fungible tokenek) világában! Nehéz volt, ha nem szinte lehetetlen, hogy ne halljunk az NFT-kről. Ők a kripto- és blokkláncvilág legtöbbet emlegetett kiegészítői. Mint sok új dolog esetében, itt is rengeteg információ és téves adat kering a neten, ami megnehezíti, hogy biztosak legyünk abban, hogy mi igaz és mi nem. Egy dolgot biztosan tudunk, hogy dollármilliárdokat öltek az NFT-piacba. A befektetési tevékenység e robbanásszerű növekedését és azt, hogy ez mit jelenthet, részletesen meg fogjuk vizsgálni. Ez a felfedezés magában foglalja azt is, hogy meglátogatjuk, megismerjük és összekötjük az NFT-k testvérvilágát, a metaverzumot és a kriptogetikai játékokat. Emellett a könyv vége felé a személyes tapasztalataimat is beillesztettem az NFT-k létrehozásával kapcsolatban.

Az NFT-kkel kapcsolatos jelenlegi vélemények ugyanolyan változatosak, mint amilyeneket a kriptovaluták még korábbi napjaiban hallottunk. Egyesek szerint az NFT-k feleslegesek, pénzkidobás, és egyszerűen borzalmasak a környezetre nézve. Nem meglepő, mások szerint az NFT-k jelentik az internet jövőjét, és a befektetési portfólióba is be kell venni őket. Ezek a rajongók úgy tekintenek az NFT-kre, mint a Web3* egy részének birtoklására, ami szerintük szintén az online világ jövője. Ígérem, hogy hype nélkül fogjuk felfedezni ezt az új világot, és a végére világosan megérti, hogy az NFT-k milyen előnyökkel járhatnak az Ön számára, és milyen csapdákat kell elkerülnie.

* A Web3 az internet következő vagy harmadik generációja, amely a blokklánc technológián és a token-alapú közgazdaságtanon alapul. Még nagyon új, és a Web3 végleges definíciója a könyv megjelenése után változhat.

Mielőtt belevetnénk magunkat

Mielőtt belemerülne az NFT-kbe, feltételezzük, hogy rendelkezik némi alapismerettel a blokkláncokról és az intelligens szerződéses koncepciókról. Bár az NFT-k újak, a létrehozásukhoz használt technológia nem az. Ezért fontos, hogy megértse ezeket az alapkoncepciókat. Ha olvasta bármelyik másik, blokklánc technológiáról szóló könyvemet, akkor nem lesz gond. Ha nem olvasta a többi könyvemet, vagy ha olvasta, és szüksége van egy kis emlékeztetőre, kérjük, olvassa el a "A blokklánc és az intelligens szerződés fogalomgyűjtemény" című részt, mielőtt belekezdene (ez csak néhány oldal). Nem akartam a könyv elejére tenni, hogy lelassítsam azokat, akik már ismerik ezeket a fogalmakat.

A LEGEGYSZERŰBB FORMÁBAN

A legegyszerűbb formában az NFT az *adott token* tulajdonjogát igazolja. A token lehet műalkotás, játék, film, könyv, szolgáltatás, zene stb. Programozhatóak, és ha egy tokent egyszer már kiadtak, nyomon követhető, hogy ki volt a tulajdonosa. Ez a tulajdonosi információ a tárca címéről érhető el.

Fontos, hogy már az elején tisztázzuk, hogy amikor Ön egy NFT-t vásárol, általában NEM kapja meg a fizikai tárgyat vagy a tárgy szerzői jogait. Egy másik dolog, amit szem előtt kell tartani, hogy egy NFT-t a tulajdonosok bármikor és többször is újraértékesíthetnek. A készítő azonban korlátozhatja a felhasznált platformokat. Ezekre a pontokra később még visszatérünk, mert alkotóként előnyére válhatnak.

Az NFT-k új lehetőséget biztosítottak a művészek, például a zenészek, festők és mások számára, hogy kreatív munkáikból profitálhassanak. Műveiket a fizikai másolatokon túlmutatóan, digitálisan is kiadhatják. Bár az NFT-gyűjtemények többsége művészeké, semmi sem akadályoz meg egy híres bokszolót abban, hogy NFT-t készítsen a bajnoki mérkőzésen használt bokszkesztyűjéről. Most már NFT tweetek is vannak, amelyeket meg lehet vásárolni, remélhetőleg már kezdi látni ennek az új NFT világnak a nyitottságát vagy őrültségét.

Az NFT-k bekapcsolódnak a beszélgetésbe

Az NFT-k 2014 és 2015 között kerültek be a közbeszédbe. Az Etheria projektet Londonban, egy Ethereum-konferencián mutatták be a világnak. Ez egy kereskedhető hatszögletű lapkákból álló gyűjtemény volt. A bevezetés után nem sok minden történt egészen 2021 márciusáig, amikor az NFT-aktivitás robbanásszerűen megnőtt, és hirtelen a projekthez kapcsolódó összes tartalmat 24 órán belül valamivel több mint egymillió dollárért eladták.

Miben különböznek az NFT-k a kriptovalutáktól?

A kriptovaluta-univerzumban a dolgok bizonyos mértékig szabványosítottak. Egy egyszerű példa erre, hogy egy Litecoin egyenértékű egy másik Litecoinnal. Egy NFT olyan eszközöket képviselhet, mint egy képregény vagy akár egy videoklip. Mivel az NFT-ket ilyen sokféle mögöttes eszközre lehet létrehozni, nem helyettesíthetők. Úgy is mondhatnánk, hogy nagyon nehezen cserélhetők fel.

MILLIÓKAT, MIÉRT?

2017-ben, amikor valaki 9 millió dollárt ajánlott egy NFT-ért, amely a CryptoPunk gyűjtemény része volt, sokan valószínűleg annak a jelének vették, hogy a világvége közeleg. Milliók egy pixeles képért, amin egy átlagos fickó cigarettázik? Nos, ez egy ajánlat volt, és a tulajdonos mindenki hitetlenkedésére visszautasította. A CryptoPunk projekt a Larva Labs által az Ethereum blokkláncon kiadott, kereskedhető rajzfilmfigurákból áll. Ha ezt az árat sokkolónak tartja, akkor képzelje el, hogy az NFT rekordár a cikk írásakor 69 millió dollár a Beeple nevű művész alkotásáért. A non-fungible (nem helyettesíthető) tokenek világa továbblépett, és új iparágat hozott létre.

A hagyományos piaci elemzők közül sokan, különösen azok, akik a tőzsdékről jönnek, általában felháborodnak ezeken a számukra "őrült árakon". Egy tőzsdei elemző jellemzően azt kérdezi, hogy mi az alapja az árnak, vagy egy eszköz belső értékéről kérdez. Ha egy tőkepiaci eszköz értékének hagyományos értékbecslési módszereit használnánk egy NFT-gyűjtemény értékének megítélésére, akkor a végén nulla lehet a végeredmény! Ennek a piacnak saját mérőszámai vannak. Lehet az, hogy valami mennyire népszerű a közösségi médiában, ami a kimaradástól való félelemhez (FOMO) vezethet, vagy valami olyan egyszerű és régimódi, mint a vevő vagy az eladó egója.

Az emberek hajlandóak fizetni

A gazdagok, nem pedig mi, átlagemberek vagyunk az NFT őrült árú műalkotásainak célpiaca. Ez a vásárlói csoport olyan módon költi el a pénzét, aminek az átlagember számára semmi értelme. A gazdag embereknek nem okoz gondot, hogy hatalmas összegeket költsenek arra, hogy megszerezzék azt, amit státuszszimbólumnak tartanak. Néhányuk számára a legdögösebb vagy a legújabb NFT kollekció megszerzése egyszerűen csak egy módja annak, hogy jelezzék *a* hálózatuknak és a világ többi részének, hogy "nézzétek, én ilyen dolgokat engedhetek meg magamnak, mert gazdag vagyok!". Ez az ügyfélszegmens a motivációja sokaknak azok közül, akik belépnek az NFT-piacra, és gyors és könnyű pénzt keresnek az eladásokból.

Hiszed vagy sem

Két olyan esemény, amelyet többször is ellenőriznem kellett, mert nem tudtam elhinni.

1. 1 - Az Egyesült Államokban már van egy múzeum, amely az NFT-knek van szentelve.

2. 2 - 2022 elején az Egyesült Királyság kormánya nyilvánosságra hozta, hogy saját NFT-jüket tervezik kiadni*. Kijelentették, hogy ez része annak a tervüknek, hogy vezető szerepet töltsenek be a kriptoszektorban. Az Egyesült Királyság pénzügyminisztere utasította a Royal Mint-et, az érmék kibocsátásáért felelős kormányzati ügynökséget, hogy bocsássanak ki NFT-t. Az iparág befolyásolóinak

reakciója nem volt túlságosan lelkes. Úgy látják, hogy ez csak egy reklámfogás az Egyesült Királyság kormányának azon tágabb célja érdekében, hogy naprakésznek tűnjön a legújabb technológiai trendekkel kapcsolatban.

Az *NFT-ket a pénzverésnek vagy kibocsátásnak nevezett folyamat során hozzák létre. Erről bővebben a következő fejezetben.

MIT TULAJDONOL?

Jelenleg a sok új vásárló és az NFT-k rajongói között félreértés van azzal kapcsolatban, hogy mi az, ami a tulajdonodban van, ha van egy tokened. Bár az igaz, hogy egyedi, abban az értelemben, hogy a token, amit birtokolsz, nincs ikertestvére. Az NFT-értékesítők egy része - szándékosan vagy ismereteik hiányában - azt a képzetet kelti a piac új résztvevőiben és különösen a potenciális vásárlókban, hogy közvetlenül birtokolják vagy részben birtokolják a mögöttes eszközt, például egy könyvet vagy egy műalkotást. Más fizikai tárgyakkal ellentétben, egy egyszerű forgatókönyvvel szemléltetve: ha eladom Önnek az autómat, a tulajdonjog átruházása után 100%-ban az Ön tulajdonában van, az NFT-vel, ahogyan azt már definiáltuk, csak *az adott token* tulajdonjogát bizonyítja.

A másik pont, amelyet sok új vásárló az NFT-piacon gyakran figyelmen kívül hagy vagy félreért, hogy az Ön vásárlása nem akadályozza meg az eladót abban, hogy más NFT-ket hozzon létre abból az egyből, amelyet Ön vásárolt.

A félreértett tulajdonjog valós példája

2022-ben egy DOA (Decentralizált Autonóm Szervezet) 2,66 millió euróért megvásárolta egy híres sci-fi könyv egy példányát, abban a hitben, hogy a szerzői jogok az övék lesznek, és NFT-t csinálnak belőle. Nem telt el sok idő, mire az emberek az interneten emlékeztették őket, hogy az NFT-k esetében nem így működnek a dolgok. Ez csak egy újabb emlékeztető a vevők és az eladók számára, hogy mivel az NFT-k még mindig újak, számos jogi kérdésre még mindig nincs válasz.

Kibocsátás, mi az és hogyan működik

Az NFT-ket a blokkláncon történő kibocsátásnak nevezett folyamat során hozzák létre. Az NFT-je egy okos szerződéshez kapcsolódik, és ez a kapcsolat állandó... azaz örökre szól. Az okosszerződés, amellyel az NFT-t létrehozták, végrehajtásra kerül, és az NFT felkerül a blokkláncra.

Az Ethereum a legnépszerűbb blokklánc a kibocsátáshoz, és ez főként a fejlesztők körében való népszerűségének köszönhető. A félreértések elkerülése végett szeretném tisztázni, hogy az Ethereumon kívül más blokkláncokon is lehet NFT-ket kibocsáttatni.

Gáz

Az intelligens szerződésének végrehajtása és egy NFT kibocsátása egy olyan blokkláncon, mint az Ethereum, költségekkel jár. Ezeket a díjakat gázdíjaknak nevezik. Ha egy NFT-t ETH-val (Ether) akar vásárolni, vagy utána ki akarja bányászni, gázdíjakat kell fizetnie. Az Ethereum blokkláncon az árat Gwei-ben, az Ether legkisebb egységében számolják ki. A fizetendő összeg leginkább a tranzakció összetettségétől függ. A tranzakció időpontjában a hálózati forgalom nagysága is szerepet játszik. A gázdíjak megtakarítása érdekében az egyszerűségre törekszünk, de ez nem mindig a legjobb az NFT-től függően. A különböző platformok különböző gázdíjakat számítanak fel, és a különbségek drámaiak lehetnek. Kérjük, alaposan vizsgálódjon, mielőtt belevág a projektbe.

Az NFT gázdíjak platformtól függően 3 és 30 dollár közé datálhatók, attól függően, hogy az adott platformon mekkora a pénzmozgás az adott napon. Átlagosan az emberek 15 dolláros díjat fizetnek. Alkalmankénti NFT kibocsátás esetén, a legtöbb ember számára a díjak nem jelentenek problémát. Ha viszont ezt üzletszerűen csinálja, akkor könnyen beláthatja, hogy a gázdíjak a költségek miatt üzleti problémává válhatnak.

Gázháborúk

A gázháborúk az NFT-k furcsa jellemzője. Akkor van gázháború, ha több ezer ember próbál meg vásárolni egy NFT-t. A gázdíjak őrült szintre emelkedhetnek, amikor az emberek túllicitálják versenytársaikat, hogy tranzakcióikat gyorsabban dolgozzák fel, mint a többiekét. A háború ritkán tart sokáig, átlagosan néhány percig, de ez elegendő ahhoz, hogy jelentős összeget áldozzon fel a kedvenc NFT-je megszerzéséhez. Mennyit is? Ez akár 4000 dollár is lehet. Lehet valamivel kevesebb, vagy akár sokkal több is.

Ingyen gáz?

A gázdíjak kérdése a múlté lehet, legalábbis ami az NFT-k létrehozását illeti. Vannak olyan platformok, amelyek lehetővé teszik az NFT ingyenes kibocsátását. Az OpenSea, a legnépszerűbb NFT-piactér rendelkezik egy Collection Manager nevű eszközzel, amely lehetővé teszi a felhasználók számára, hogy NFT-ket hozzanak létre és értékesítsenek anélkül, hogy gázdíjat kellene fizetniük. Hogyan van ennek üzleti értelme, ha az alkotók nem fizetnek semmilyen díjat? Az NFT eladásakor a vevő fizeti meg a díjakat.

Honlapjuk szerint ezt a folyamatot "lusta kibocsátásnak" nevezik. Ez az úgynevezett lusta kibocsátás, bár jó dolog, különösen a szűkös költségvetésűek számára, egy új problémacsoportot is létrehozott... hamis NFT-ket. Erre a kérdésre akkor térünk vissza, amikor mélyebben belemerülünk az iparág csalással kapcsolatos kihívásaiba.

Melyik blokklánc a legjobb a kibocsátáshoz?

Az Ön tulajdonjoga vagy NFT-jének egyedisége ahhoz a blokklánchoz kapcsolódik, amelyen az NFT-t kibocsátották. Egyes piacterek több blokkláncot kínálnak ügyfeleiknek, amelyek közül választhatnak a kibocsátási folyamat során. Ez ahhoz a dilemmához vezethet, hogy különböző emberek különböző blokkláncokon bocsátják ki ugyanazt az NFT-t, ami azt jelentené, hogy több eredeti vagy kezdeti példány van a piacon. Ebben a helyzetben ki dönti el, hogy melyik blokklánc a legjobb?

Egy másik megfontolandó szempont, hogy a piacterek nem kötelesek minden tokent elfogadni. A Tezosból (vagy bármely más blokkláncból) származó NFT-je nem garantálja az összes többi piactéren való elfogadást.

Lehetséges ETH nélkül NFT-t vásárolni?

Egyes platformok lehetővé teszik a fiat pénzzel történő vásárlást*. A többség azonban megköveteli, hogy ETH-t (Ether) használjon, ha az NFT egy aukció vagy viszonteladás része.

*A *fiat pénz* egy kormány által kibocsátott valuta, például amerikai dollár, brazil reál, lengyel złoty, magyar forint stb.

A KÖRNYEZETET FENYEGETŐ VESZÉLYEK

Az NFT-k ökoszisztémájában felhasznált energia mennyisége kezdettől fogva viták forrása volt. Ez a kritika általában a kriptovaluták világára is vonatkozik. A kripto védelmezői esetében a kritika attól függ, hogy melyik évről beszélünk. Az energia nem hatékony felhasználása mellett néhány évvel ezelőtt még erőteljesebben lehetett volna érvelni, de ma már nem.

A blokklánc közösségben már most is vannak csoportok, amelyek a platformok környezetbarátabbá tételén dolgoznak. Ma már léteznek olyan blokklánchálózatok, amelyek sokkal energiatakarékosabbak, mint az Ethereum, például a Solana hálózat. Az Ethereum a jövőben olyan blokkláncfrissítést tervez, amely a bányászat során lényegesen kevesebb energiát használ majd fel. A csökkentés, amiről a kutatásaim során értesültem, hogy a továbbfejlesztett hálózat 90%-kal kevesebb energiát fog használni.

Sokan azok közül, akik azt hangoztatják, hogy a kriptók és az NFT-k mennyire károsak a környezetre, ritkán kérdezik meg, hogy mennyi energiát használnak a tőzsdék világszerte. Mi a helyzet a bankokkal globálisan? Évtizedekig dolgoztam a hagyományos bankszektorban, és személyes tapasztalatból mondhatom, hogy rengeteg energiát használtunk. Több elfeledett összehasonlítás: Az NFT-k villamosenergia-fogyasztása a SWIFT-rendszerből és a bankjegykiadó automatákból (ATM) álló banki ökoszisztémához képest világszerte.

Optimista kriptokörnyezeti hírek

Két vállalat, a Blockstream (kanadai) és a Block (USA) megkezdte a munkát egy napelemes és akkumulátoros bitcoin-bányán Texasban, a Tesla vállalat technológiájának felhasználásával. A Blockstream vezérigazgatója, Adam Back ezt egy 2022 áprilisában tartott Bitcoin-konferencián jelentette ki. Projektjük célja, hogy koncepcióbizonylatot szolgáltassanak a 100%-ban megújuló energiával működő bitcoin-bányászathoz. Ez egy nyilvános vezérlőpultot (dashboard) is tartalmazni fog, amelyet valós időben lehet majd megtekinteni, a bányászott bitcoinok és az energiatermelés aránya, lenyűgöző! A mai napig ez az egyik legambiciózusabb klímabarát kriptobányászati projekt, amiről tudomásom van. Nem lepődnék meg, ha hamarosan arról olvasnék, hogy néhány cég összefog, hogy valami hasonlót csináljanak kifejezetten az NFT-k számára.

Részletesebb jelentésekre van szükség

Az utolsó megjegyzésem ebben a kérdésben az, hogy a pazarló energiafelhasználásról szóló összes állítással kapcsolatban várom, hogy olvassak egy olyan jelentést, amely részletes elemzést nyújt a magán kriptobányászok, az NFT bányászok és más kripto szereplők energiaforrásairól. Tudjuk, hogy hány bányász használ alternatív energiát? Például hány bányász használ szélerőműből, napenergiából vagy a megújuló energia egyéb formáiból származó áramot? Sokan közülük igen, nem csak az a két nagy cég, amelyről az imént olvasott. Vannak olyanok is, akik saját kezdeményezésükre teljes mértékben kompenzálják az átlagos

CO2 (szén-dioxid) fogyasztásukat a blokkláncukon, hogy klímasemlegessé váljanak.

ÁTVERÉSEK ÉS FENYEGETÉSEK

Sajnos a csalók az NFT-kben új piacot látnak a trükkjeikhez. Az ismert és kevésbé ismert személyek számláit is feltörték már. Az OpenSea-t például 2022 tavaszán majdnem 2 millió dollárért hackelték meg. A csalók adathalász támadással vettek el tokeneket a legális tulajdonosok tárcáiból.

Mennyire gyakoriak a hamisítások és trükközések az NFT-k világában? Annyira rossz a helyzet, hogy az iparág legnagyobb piactere, az OpenSea elismerte, hogy a platformon létrehozott NFT-k többsége, azok, amelyeket ingyenesen hoznak létre, mások műveinek másolatai vagy egyszerűen csak csalás az egész. Azt tweetelték: "Az ezzel az eszközzel létrehozott elemek több mint 80%-a plagizált mű, hamis gyűjtemény". Az eszköz, amire utaltak, az ingyenes kibocsátó programjuk, amit korábban lusta kibocsátás néven írtak le.

Voltak más átverések is, ahol a művészek nem szállították az ígért tartalmat a vevőknek, vagy alapvetően részben szállították az NFT projekteket. Ezen a csaláson kívül létezik a jól ismert és alacsony szintű tevékenység, a hamisítványok értékesítése. Ez lehet lopott képek formájában, olyan fájlok feltöltése és értékesítése, amelyekhez nem rendelkezik az eladó szellemi tulajdonjogokkal. Voltak olyan esetek, amikor művészek bizonyos műveit, amelyeket nem akartak NFT-vé alakítani, eladásra kínálták. Az az őrült helyzet is előfordulhatott, hogy valaki egy hamisítványt árult a valódi mű mellett ugyanazon a piactéren. Az interneten a Twitteren az "NFTtheft" alatt, vagy más forrásokban rákereshet, és számos történetet találhat az ehhez hasonló őrültségekről.

A lényeg az, hogy a hamisított projektek nyilvánvalóan nem jelentenek értéket az új tulajdonosok számára, akik nem tudják visszaszerezni a pénzüket, és ez árt a szélesebb NFT-piacnak is.

Wash trading

A Wash trading valószínűleg az a trükk, amelyet a legtöbb csaló mostanában alkalmaz. Ilyenkor az egy személy vagy szervezet által ellenőrzött számlák egymás között kereskednek, hogy azt a benyomást keltsék, hogy nagy a kereslet egy NFT iránt, és így gyorsabban és magasabb áron tudják eladni azt. Ez némileg kapcsolódik a részvénykereskedelemben jól ismert „pump and dump" trükkhöz.

Tulajdonlás vs. birtoklás

A piactereknek inkább előbb, mint utóbb meg kell oldaniuk a token birtoklása és a token tulajdonosa közötti alapvető különbség tisztázását. A legtöbb piactér még mindig azon az elven működik, hogy amelyik számlán a token van, az a tulajdonos. Az iparágban sokan szeretnék, ha nagyobb hangsúlyt kapna a jogi értelemben vett tulajdonjog. A különbség kicsi, de nagyon fontos. A való világban, ha én elmegyek nyaralni, és valaki betör a házamba, és elkezd ott lakni, attól még nem ő lesz a ház tulajdonosa. Hiába foglalják el a házamat, a ház tulajdonjoga nálam marad.

A piacterek többet tehetnek

Megértem, hogy azoknak, akik nem követik folyamatosan az NFT-piacot, az lehet a benyomásuk, hogy a piacterek egy vadnyugat, ahol minden megengedett. A valóság egy kicsit árnyaltabb.

Jelenleg az NFT piacterek ugyanazokat a DMCA (Digital Millennium Copyright Act) szabályokat követik, mint bármely más tartalmi weboldal, például a YouTube platform. A DMCA tiltja az olyan tartalmak feltöltését, használatát vagy megosztását, amelyek nem jogszerűen a feltöltő tulajudonában vannak. A tartalom általában videók, fényképek és zenék. A DMCA irányelveket megsértő személyeket arra kötelezhetik, hogy távolítsák el az anyagot az oldalukról.

A piacterek egyre agresszívebben próbálnak megszabadulni a csalóktól és a rossz szereplőktől, de ennél sokkal többet kell tenniük. Véleményem szerint túl lassúak és gyengék. Növelhetik a vásárlók számára elérhető oktatási tartalmakat is. Nemrégiben olvastam az egyik új offline galériáról, amit NFT-k számára hoztak létre, amely hozzáférést biztosít a vevőknek a művészeti, pénzügyi és technológiai szakemberekhez, hogy segítsék őket a vásárlási folyamatban. Ez egy jó kezdet.

FIÓKJA VÉDELME

A listám tényleg egy jó kiindulópont. Ahogy a biztonság iránti igénye növekszik, úgy alkalmazhat egyre bonyolultabb stratégiákat. Nyugodtan mondhatom, hogy ha a következő bekezdésekben leírtakat követi; az már egy jó kezdet.

Használjon jelszókezelőt és kerülje a jelszavak újrahasznosítását

A jelszavak ismételt használata valószínűleg a legtöbb ember első számú gyenge pontja, amikor a jelszavakról van szó. Ha több weboldalon is ugyanazokat a jelszavakat használjuk, az nagyon kockázatos. Sokan megtesszük, de ellen kell állnunk a késztetésnek, mert azt is tudjuk, hogy ha valaki megszerzi a jelszavunkat, akkor több ponton is támadhat minket. Egy jelszókezelő, mint a LastPass vagy bármelyik másik jó jelszókezelő használata megkönnyítheti a biztonsági folyamatokat.

Ne kattintson ismeretlen linkekre

Ismeretlen forrásból származó e-mailekre, képekre stb. soha nem szabad rákattintani. Ez egy gyakori módja annak, hogy az emberek elveszítik az NFT-jüket. Általánosságban elmondható, hogy nem szabad ismeretlen vagy megbízhatatlan forrásból származó linkekre kattintani, akár van NFT-je, akár nincs.

A titkos jelszóemlékeztetője... maradjon titokban...

A pénztárcája titkos jelszóemlékeztető kifejezését csak Ön használhatja, NEM szabad megosztani senkivel. Ez vonatkozik a legjobb barátokra, házastársakra stb. is.

Ezeken a tippeken kívül rengeteg videó kering az interneten, amelyek még fejlettebb stratégiákat mutatnak be, de ne feledje, hogy a túlzott bonyolultság megnehezítheti a folyamatokat.

A METAVERZUM

Mi a fene az a Metaverzum? Az NFT-k újak, és most a metaverzum a legújabb szóösszetétel, amely felcsigázza az emberek agyát. Nemrégiben egy baráti vacsorán, miután 15 percig magyaráztam az NFT-ket, majd a metaverzumról kérdeztek, csak annyit mondtam, hogy "olvassa el a könyvemet". Azért mondtam ezt, mert a metaverzum teljes megértéséhez az kell, hogy megértsünk néhány más fogalmat is. Mivel azonban a könyvemet olvassa, megkapja a teljes magyarázatot.

A kritikus pont, amelyet korán meg kell fogalmazni: több metaverzum, virtuális világ létezik. A különböző cégek, nyilvánvaló okokból, azt akarják elhitetni a közönséggel, hogy csak egy van... az övék! De nem csak egy Metaverzum van. A legismertebb virtuális világok közé tartozik a Decentraland és a Sandbox, és miközben ezt írom, további világokat fejlesztenek, még egyet csak gyerekeknek is.

Avatárok

Mielőtt továbbmennénk, szükséges egy gyors magyarázat az avatárokról. Feltételeztem, hogy mindenki ismeri az avatárok fogalmát, miután néhány barátom többször is elolvasta ezt a fejezetet, és voltak olyan kedvesek, hogy felhívták a figyelmemet a tévedésemre.

Az avatárok a képernyőn megjelenő, általában saját magunkat ábrázoló, a valós világból származó képmások, amelyek a virtuális világban képviselnek minket. A platformtól és az Ön ízlésétől függően az Önt ábrázoló avatár olyan közel állhat a valós képéhez, vagy annyira különbözhet tőle, amennyire Ön szeretné. Ha a való életben alacsony, de úgy szeretne kinézni, mint egy magas kosárlabdázó, akkor ezt megteheti. A legtöbb platform fő követelménye, hogy ennek az avatárképnek emberszerűnek kell lennie, más szóval nem változtathatja magát tűzokádó sárkánnyá.

Ahogy az imént olvasta, az avatárok általában saját magát ábrázolják, de létrehozhat akár egy elképzelt avatárt is. Egy sokat emlegetett vagy félig-meddig vitatott példa, hogy a közösségi médiában az egyik legtöbbet követett modell egy férfi által készített női avatár.

A Metaverzum folytatása

A Metaverzum több olyan összetevő gyűjteménye, amelyek együttesen alkotnak egy élményt. Az alapvető részek az avatárok, a VR (virtuális valóság) headsetek* és a digitális tulajdonjog. El kell ismernem, hogy az összetevőknek ez a gyűjteménye változhat és valószínűleg változni is fog.

Az avatárok segítségével más avatárokkal együtt lóghat ezekben a virtuális világokban, és a vásárlástól kezdve az ingatlaneladáson át a koncertlátogatásig mindenfélét megtehet. A Metaverzum egyik célja, hogy olyan dolgokat csinálhassunk, amelyeket a valós világunkban szoktunk csinálni, de online. A normál valós életben végzett tevékenységek közé tartozik a munka, a barátokkal való találkozás, a hobbik stb. A Metaverzum platformok használatával olyan érzése lesz az embernek, mintha ott lenne, és ezeket a tevékenységeket végezné, anélkül, hogy ténylegesen ott lenne élőben.

A virtuális világok másik célja, hogy olyannyira elmerüljön az ember, hogy nehezen tudjon eljönni onnan. Ehhez a fejlesztőknek a lehető leggazdagabb grafikai és érzékszervi élményt kell nyújtaniuk, és ígérhetem, hogy dolgoznak rajta. Még olyan világ is van, ahol az avatárok összeházasodhatnak egymással! Az avatár esküvők aranyos ötlet, de nem ez vonzza a cégeket. Az a funkció vonzza őket leginkább, hogy lehetőségük van olyan üzleti szolgáltatásokat vagy tartalmakat létrehozni, amelyekkel virtuálisan lehet kereskedni, és később valódi pénzre válthatók.

*A virtuális valóság (VR) olyan érzékszerveket ingerlő, számítógép által generált élmény, amelynek jelenetei (képek, hangok) annyira valósághűek, hogy az az érzésünk, mintha valóban átélnénk. A VR általában speciálisan erre a célra kifejlesztett úgynevezett headsetekkel érhető el.

Ez *nem* teljesen új

Azok számára, akik emlékeznek rá, a Linden Lab 2003-ban nagy sikerrel indította útjára a *Second Life* nevű virtuális világát. Az emberek avatárokat hozhattak létre, és kapcsolatba léphettek más avatárokkal a második életükben. Ez a történet számomra egy kicsit személyes, mert a bank, ahol akkoriban dolgoztam, pénzügyi fogadást kötött a *Second Life-ra*, és rengeteg pénzt fektetett be, hogy jelen legyen ebben a virtuális világban. Extra személyzetet vettek fel, és egy elképesztő indító partit rendeztek. Az eredmény?

Sajnos a projekt szánalmasan megbukott. Hogy miért? Nem volt elég nagy az érdeklődés a közönség részéről ahhoz, hogy üzleti értelme legyen. A *Second Life* virtuális világ azonban még mindig létezik.

Miért most?

Az előbb már lefedtük, hogy a virtuális világ koncepciója nem új, akkor miért övezi most ekkora izgalom? A válasz az, hogy végre rendelkezésre állnak a következő szintre lépéshez szükséges támogató technológiák. Ezek közé tartoznak a blokkláncok, a továbbfejlesztett VR-headsetek és természetesen az NFT-k, amelyek integrálhatók a metaverzumba. A virtuális világokban már most is lehetséges a dolgok birtoklása, de a blokklánc technológia alkalmazásával a virtuális eszközök tulajdonjogának bizonyítása biztonságosabbá válik, és a tulajdonosok számára *valóságosabbnak* tűnik.

A világ számos részén nyitottabbak a virtuális életmódra is, amelyet a különböző online találkozási platformok, valamint a távmunka és az otthonról történő munkavégzés robbanásszerű terjedése tesz lehetővé. Az emberek ma már virtuális borkóstoló partikat tartanak, amire évekkel ezelőtt még csak gondolni sem mertem volna. Most nemrégiben részt vettem egy ilyenen.

A metaverzumok közötti utazási kihívás

Mielőtt a nyilvánosság szélesebb körben elfogadná a metaverzum koncepcióját, az iparág egyes képviselői úgy vélik, hogy a felhasználóknak lehetővé kell tenniük, hogy könnyen *utazhassanak a* különböző virtuális világok között. Ahhoz, hogy ez a metaverzumok közötti utazás valósággá váljon, szükség van néhány elfogadott szabványra. Egy metaverzum szabvány lehetővé fogja tenni, hogy digitális eszközeinkkel és avatárunkkal az egyik metaverzumból a másikba utazhassunk anélkül, hogy elveszítenénk azokat.

Talán létrehoznak majd néhány metaverzum szabványt, hasonlóan az Európai Unióban létező villamosenergia-szabványhoz. Például egy Spanyolországba utazó lengyel lakos minden gond nélkül bedughatja a számítógépét, feltöltheti az okostelefonját stb., mivel az elektromos csatlakozóaljzat szabványai az Európai Unióban azonosak. Ehhez képest egy tipikus amerikai lakosnak, aki Európába utazik, elektromos utazási adapterre lenne szüksége ahhoz, hogy Spanyolországban elektromos aljzatokat használhasson.

Mielőtt bármilyen metaverzumok közötti utazás elindulhatna, a különböző metaverzumi világoknak meg kell oldaniuk azokat a nyilvánvaló szellemi tulajdonjogi és technikai kihívásokat, amelyeket a metaverzumok közötti mobilitás megkövetel.

El akarunk menekülni a valóság elől?

Ez talán a legnehezebb kihívás a vállalatok számára, vagyis meggyőzni az embereket arról, hogy részt kell venniük a metaverzumban. Hogy kevesebb időt kell töltenünk a valós életben, és több időt a virtuális életben, még akkor is, ha az érzékszervileg nagyon is valósághű. A metaverzummal kapcsolatos egyik gyakori kritika, hogy ez leginkább a középosztály vagy a gazdagok számára jelent menekülési lehetőséget a valóság elől. Az igazság az, hogy a bolygó nagy részének nincs meg ez a luxus, hogy kikapcsolja a valóságot, amikor esedékes a lakbér. Arról nem is beszélve, hogy a metaverzumban *valódi* pénzt költeni *képzeletbeli* földek stb. megvásárlására azt jelenti, hogy a valóságban egy kényelmes életet él. Ez egy olyan világ, ahol néhány híresség otthona melletti virtuális földterület a metaverzumban többe kerülhet, mint a valódi földterület. Képzelje el, hogy ezt megpróbálja elmagyarázni egy gyereknek, vagy bárki másnak, hogy nem engedheti meg magának, hogy házat vegyen egy nem létező világban!?!!

Jelenleg a metaverzum fogyasztói felhasználási esetei (játék, virtuális élmények, művészet, randizás stb.) egyértelműen a "nice to have" (kényelmi szempont), nem pedig a "need to have" (szükségszerűség). Egy kis figyelmeztetéssel zárnám: sokan mondtak hasonlót a közösségi médiáról is, amikor először megjelent. Míg számomra a közösségi média nem szükséglet, elég sok olyan embert ismerek, akik számára és társadalmi köreik számára szükségessé vált.

JÁTÉKOK: PÉNZKERESÉS JÁTÉKKAL!

Az NFT-ökoszisztéma hatalmas részét képező NFT-játékok gyorsabban növekednek, mint azt még a rajongók is el tudták volna képzelni. A piac mérete a játékon belüli vásárlásokkal mérve 2021-re 5,1 milliárd dollár. Ez a 2. legnagyobb NFT szektor a teljes NFT értékesítési volumen alapján. Ez a játékvilág nem az, amire sokan gondolnak, ha játékok jutnak eszükbe. A játékok hagyományos működése az, hogy a játékosok *fizetnek* azért, hogy játszhassanak egy játékkal, és még ha a játék kezdetben ingyenes is, általában fizetniük kell azért, hogy bizonyos szintekhez vagy rangokhoz hozzáférjenek.

A játékok ezen új változata az, ahol a játékosok pénzt keresnek a játékkal, amit gyakran "play-to-earn" (játssz, hogy kereshess)(P2E) néven emlegetnek. Egy másik módja a magyarázatnak az, hogy az NFT játék univerzumban az *időd* a fizetség. Ez talán ostobán hangzik egyesek számára, akik megkérdőjelezik az ötletet, hogy valaki fizet azért, hogy hobbijának, a játéknak hódoljon, de ez nagyon is valóságos. A kifejezés, amit az emberek ennek a trendnek a leírására használnak, a GameFi, ami nem más, mint a játék és a pénzügy szó keveredése. A gyakorlatban ez egy virtuális világ, ahol a blokklánc, az NFT-k, a játék és a kriptovaluták találkoznak.

Hogyan keresnek pénzt a játékosok?

A pénzkeresés tipikus módja az, hogy bizonyos feladatokat teljesítünk a játékban, hogy jobb helyet érjünk el a rangsorban. A legtöbb játékos számára ez többnyire kockázatmentes, de vannak olyan játékok, ahol pénzt lehet veszíteni, mert fizetni kell a játék előtt. Ezt a pénzt elveszíthetjük, ha abbahagyjuk a játékot, mielőtt elérnénk a kifizetéshez szükséges szintet vagy rangot.

Az NFT-játékokban a játékosok digitális gyűjtőeszközöket vagy játékbeli eszközöket használnak, amelyeket eladhatnak más játékosoknak. Az eszközök közé tartozhat bármi, virtuális föld, karakterek, fegyverek, állatok és még sok más. Néhány ambiciózus játékos még a kriptobevételeit is NFT tétekre kezdi fordítani, hogy még tovább nyújtsa a bevételét. A tétgyűjtés lehetővé teszi, hogy extra jövedelemre tegyünk szert az NFT-kből anélkül, hogy le kellene mondanunk a tulajdonjogodról.

A jelenlegi legjobb játékok

Axie Infinity – A játékosok fantasy NFT szörnyeket gyűjtenek, amelyekkel a játék piacterén belül kereskedhetnek.

Sorare – A fantáziafoci (foci) rajongóknak. Összeállíthat egy csapatot a kedvenc játékosaiból, és jutalmakat kap attól függően, hogy milyen jól teljesítenek a valós meccseken.

Evolution Land – A játékosok földet vásárolnak és épületeket építenek.

A játékfejlesztők válasza

Mint minden NFT-vel kapcsolatos dolog esetében, a piac még mindig új, és a rendelkezésre álló adatok alapján az NFT világán kívüli játékközösség többsége még nincs teljesen meggyőződve az NFT-k előnyeiről a játékban. A 2022-es Game Developers Conference felmérése szerint a többség, 70%, nem érdeklődik.

FELEJTSE EL A KÖNNYŰ ÉS GYORS PROFITOT

Az NFT-kkel is lehet jó befektetést csinálni, de sok befektető hamar rájön, hogy ez nem olyan egyszerű, mint ahogy azt egyesek mondják. A többség pénzt veszít, és az NFT-gyűjteményekből származó, dollármilliókért eladott művek biztosan nem a megszokottak. Az általam látott adatokból kiderül, hogy majdnem 60%-uk nem keres pénzt.

A figyelemfelkeltő milliós eladások a valóságban a piac körülbelül 1-2%-át teszik ki. A legtöbb tokent néhány száz dollárért adják el. Az NFT-ket a kezdetektől fogva úgy reklámozták, mint egy olyan lehetőséget, amellyel a művészek még többet profitálhatnak kreatív munkájukból. Amit sikerült kiderítenem, az az, hogy jelenleg a nyereség nagy része a kereskedőkhöz kerül, nem pedig a művészekhez.

Néhányan buborékokat látnak

Az új piaci szereplők néha elfelejtik, hogy az NFT-piac hasonló más piacokhoz, abban az értelemben, hogy az árak ingadoznak, és nem mindig emelkednek. Jelenleg olyan nagy a zaj a rekordokat döntögető eladások körül, hogy az emberek figyelmen kívül hagyják azt a tényt, hogy néhány jól ismert NFT-gyűjtemény árai csökkentek. Vannak olyan elemzők, akik úgy vélik, hogy a piacon árbuborékok vannak. Lehet, hogy ez a helyzet, de az NFT-k esetében nehéz eldönteni, hogy mikor van buborék. A bitcoinnal és más kriptovalutákkal kapcsolatos tapasztalataimra visszagondolva az árbuborék volt az az érv, amit gyakran hallottam. A kritikusok minden alkalommal *nagyon tévedtek*. Mint már megtanultuk, nincs egyetlen általánosan elfogadott szabvány sem arra, hogy egy NFT értékét hogyan kell meghatározni. Ezek nem olyanok, mint a részvények, ahol megtalálható a vállalat bevétele, a termékcsalád, a növekedési potenciál stb. Az azonnali tanács minden olvasónak az, hogy csak olyan kockázati tőkével, pénzzel fektessen be, amit ha elveszít, akkor sem történik semmi érezhetően rossz a pénzügyi életében.

NFT viszonteladói horror

Az NFT világának egyik legnagyobb eladásából az egyik legalacsonyabb viszonteladás lett. Sina Estavi kripto befektetőre 2021-ben figyelt fel a média, amikor 2,9 millió dollárt fizetett Jack Dorsey, a Twitter társalapítójának első tweetjének NFT-jéért.

Estavi 2022-ben megpróbálta újra eladni ezt az NFT-t. 48 millió dollárt kértek érte, és a legjobb ajánlatok mindössze pár száz dollár értékűek voltak. Igen, jól olvasta, milliókat fizetett, és a legjobb ajánlatok, amiket kapott, pár száz dollárt értek. Ezután megpróbálkozott egy másik viszonteladással, kikiáltási ár nélkül, és az ajánlatok, bár javultak, csalódást keltő 6800 dollárnál értek véget. Idézem őt: "Ez az NFT nem csak egy tweet, ez a digitális világ Mona Lisája". A mai napig a beérkezett ajánlatok alapján a vevők nem osztják az ő lelkesedését vagy véleményét erről az NFT-ről. Egyetérthetünk abban, hogy ez egy szélsőséges példája az NFT-k volatilitásának, de ez csak egy újabb emlékeztető a piac spekulatív jellegére.

NFT KOCKÁZATKEZELÉS

Mielőtt belevágna a kereskedésbe vagy az NFT-kbe történő befektetésbe, kockázatkezelési rendszerének megfelelően kell működnie. Banki hátteremet felhasználva, ügyfeleim számára alternatív befektetésnek minősíteném őket. Ez a piac több kockázatot hordoz, mint mások, ami azt jelenti, hogy a potenciális nyereségnek is az átlagosnál nagyobbnak kell lennie minden olyan NFT-nél, amelynek megvásárlását fontolgatja. Ez nem csak az én véleményem, hanem ezt kell hallania bárkitől, aki jártas a kockázatkezelésben. Korábban részletesen kifejtettem több, ezzel a piaccal kapcsolatos kockázatot, de úgy gondolom, hogy még mindig vannak lehetőségek. Az NFT vásárlás legfontosabb szabálya, hogy csak kockázati tőkét használjon fel. A pénztárcája méretétől függően aztán lemásolhat néhány olyan technikát, amelyekkel foglalkozni fogunk, és amelyeket azok használnak, akik pénzt keresnek az NFT-kkel.

HOGYAN KERESNEK PÉNZT A BENNFENTESEK

Tudjuk, hogy sok befektető nem keres pénzt ezen a piacon. Ebben a fejezetben megosztom Önnel azokat a stratégiákat, amelyeket azok használnak, akik nyereséget termelnek az NFT-kkel.

A bennfentesek fehér listái

Egy új NFT elindítása előtt az alkotók megpróbálnak minél több promóterrel kapcsolatot teremteni. Ezek a promóterek lehetnek a közösségi média influencerei, sztár sportolók vagy bárki, akinek hatalmas rajongótábora van. Az alkotók ezután lehetővé teszik a promóterek számára, hogy a bevezetés előtt hatalmas kedvezménnyel megvásárolják az NFT-t, vagy esetleg még ajándékba is adnak belőle. A korai befektetők ezen listáit fehérlistáknak nevezik.

A fehér listán szereplő promóterek gyakran több mint 100%-os nyereséget érnek el az NFT-k továbbértékesítéséből a bevezetés után. Nyilvánvaló, hogy a nyereség csak akkor jön, ha helyesen végzik a promóciót. A tanulság az olvasók számára, ha lehetséges, próbáljon meg helyet szerezni a különleges befektetők ilyen fehér listáin.

Gyűjtemények

A bennfentesek inkább a gyűjteményekre összpontosítanak. Ez az NFT-k egy olyan csoportja, amelynek ugyanaz a létrehozója, és van néhány hasonlóságuk. A piaci forgalom és érdeklődés nagy része viszonylag kevés gyűjteményre összpontosul. 2022-ben közel 80 000 gyűjtemény volt a piacon, ami nem óriási szám, de ez a növekedés az előző évi körülbelül 15 000-hez képest növekedést jelent. A nonfungible.com adatai szerint a gyűjtemények az NFT-értékesítések közel 60%-át teszik ki. A két legnépszerűbb a CryptoPunks és a Bored Ape Yacht Club. Mindkét gyűjtemény eladásai milliárdos nagyságrendűek... pixelképekért!

Vásároljon többet és diverzifikáljon többet

Az NFT világában a nyertes befektetők sokkal több pénzt költenek. Az NFT-nyertesek nagyobb nyereséget érhetnek el, ha egy projektet a másodlagos piacon 15 000 dollárért vásárolnak meg, és később 20 000 dollárért adják tovább. Emellett átlagosan több NFT-vel és nagyobb választékkal rendelkeznek a gyűjteményükben. Tisztában vagyok azzal, hogy ez a stratégia nem biztos, hogy mindenki számára megfelelő. Az emberek nincsenek mindig olyan anyagi helyzetben, hogy 15 000 dollárt tudjanak költeni egy NFT-re, különösen, ha ez még mindig egy ismeretlen eszközosztály.

NFT-k használata hitelek fedezeteként

Ezt a bekezdést, ha néhány évvel ezelőtt írtam volna, barátaim vagy olvasóim kinevetnék. Igen, ma már lehetséges az NFT-gyűjteményed értéke alapján kölcsönt kapni. Egy ilyen új és spekulatív eszközosztály esetében, amikor hallottam az NFT-hitelekről, az első gondolatom az volt, hogy ez biztos csak egy vicc. Megerősíthetem, hogy ez <u>nem</u> vicc, több weboldal is lehetővé teszi ezt. Az egyik legnépszerűbb ilyen típusú szolgáltatást kínáló oldal az nftfi.com.

A hitel jóváhagyása után a kriptopénzek felhasználhatók további NFT-k vásárlására vagy más kriptoprojektekbe való befektetésre, amelyek később fiat valutára válthatók. Az általam ismert legmagasabb jóváhagyott hitelösszeg 8 millió dollár volt.

NFT staking (tét)

Az NFT tét az, amikor a tokenjeit egy platformon helyezi el jutalmakért cserébe. Egyszerűbben fogalmazva, a tét elhelyezése lehetővé teszi, hogy extra jövedelemre tegyen szert az NFT-jeiből anélkül, hogy le kellene mondania a tulajdonjogáról. A stacking koncepciója nem új, viszonylag gyakori gyakorlat a kriptovalutáknál.

A tétgyűjtés új lehetőséget biztosít a gyűjtők számára, hogy passzív jövedelemre tegyenek szert gyűjteményeikből. Az NFT-k nem a leglikvidebb eszközosztály, ezért a hosszú távú befektetők számára ez egy vonzó melléktevékenység lehet.

Hogyan fizet a staking

Az NFT-k tétje a kriptovalutákhoz hasonlóan alakul. Az Ön tokenjei egy tétgyűjtő poolban vannak elzárva, ahol a tranzakciók megerősítését segítik. Ön jutalmat kap, amikor a tokenjeit megerősítésekhez használják. A jutalmak időzítése platformonként eltérő. Egyesek heti jutalmakat kínálnak, mások akár napi jutalmakat is.

Ön általában a platform natív tokenjében kapja a fizetést. Ez a kifizetés a platform által meghatározott teljeshiteldíj-mutató (APR) alapján történik. Az alap, hogy hogyan határozzák meg a kamatlábat, éppoly különböző, mint az elérhető platformok. Ne feledje, hogy egy nem szabályozott piaccal van dolga, nincsenek banki szabályozók, akik szabályokat állítanának fel.

Figyelmeztetés azoknak, akik ki akarják próbálni a staking-et: Az Ön NFT-jének tétre való jogosultsága platformonként változik. Nem minden NFT tétképes, ezért nem olyan egyszerű, mintha csak megvásárolnánk egy NFT-t, és máris elkezdene gyűlni a passzív jövedelem. Végeznie kell majd egy kis kutatómunkát.

Hogyan profitáljon az NFT-kkel anélkül, hogy bennfentes lenne

Az NFT eufóriában úgy is részesülhet, hogy nem bennfentes, és nem is vásárol. Az NFT-knek közvetett módon is kiteheti magát, ha befektet az őket támogató blokklánc hálózatokba.

Néhány példa a blokkláncra: Solana, Cardano, GoChain, Tezos, és még sokan mások. Mindegyik hálózatnak megvan a maga értéktétele. Referenciaként a GoChain a zöld vagy a leginkább környezetbarát blokkláncként szerzett magának nevet. Befektethet a tőzsdékbe is, amelyek kereskedésre kínálják őket, hogy még jobban diverzifikálja portfólióját.

Az egyik kedvenc alternatívám az Ethereum blokklánc, amelyet sok mindenre használnak, az NFT-ktől az okosszerződésekig. Az Ethereum más platformokhoz képest rakétaszerű növekedést ért el, mert a blokklánc olyan sok különböző típusú alkalmazás alapját képezi. Az NFT-ket más platformokon is lehet fejleszteni, de az Ethereum még mindig az NFT-fejlesztők által preferált alap.

Ez a módja annak, hogy közvetett kitettséget szerezzünk egy adott eszközosztályban, nem újdonság, amit én találtam ki. Évek óta tanácsolom ezt az ügyfeleknek a hagyományosabb piacokon. Ahelyett, hogy határidős olajkontraktust vásárolna az árupiacon, megvásárolhatja az olajvállalatokat, a hajózási vállalatokat stb. A stratégia alapja az, hogy megtaláljuk a többi szereplőt annak a területnek az ökoszisztémájában, amelybe befektetni szeretnénk. Egy kriptopélda lenne arra, ha valaki érdeklődik a kriptók iránt, de ahelyett, hogy Bitcoint vásárolna, Bitcoin bányászati részvényeket vásárol.

EGY HALÁLOS NFT ÉS MÁS TRENDEK

Á ttekintünk egy *halálos* NFT projektet és néhány olyan tendenciát, amit az NFT és a metaverzum világában figyelek.

Halott celeb NFT?

Az egyik legérdekesebb vagy legfurcsább NFT-projekt, amelyről olvastam, a Macabris, amely az Ethereum blokkláncon működik. Minden token egyedi, és egy adott hírességet képviselnek. A token tulajdonosok részesedést kapnak a havi kifizetésből az elosztási poolból, amíg a mögöttes híresség életben van. A dolog még érdekesebbé válik; minden egyes token egyre nagyobb kifizetést kap, ahogy más token hírességek folyamatosan meghalnak. Amint a valós halál megerősítést nyer, a hírességet a Halálmester (Death Master) halottnak jelöli.

Ezt az elosztási alapot a kezdeti tokenértékesítésből és a későbbi tokenértékesítésekből származó jutalékból finanszírozzák. Macabris szerint az ICO során az eladott tokenekből származó pénzeszközök 80%-át a poolba utalják. A pénztárcáról pénztárcára történő tokenátutalási jutalékok szintén az elosztási poolba kerülnek.

Lehet, hogy ez a projekt nem minden befektetőnek való, de jól szemlélteti a piacon elérhető sokszínűséget.

A következő NFT hullám?

Az NFT-k azon területe, amelyet szorosan figyelek, a könyvek és hangoskönyvek piaca. Szerzőként nem meglepő, hogy kíváncsi vagyok az e területen rejlő lehetőségekre. A legtöbb szerzőhöz hasonlóan én is sokat olvasok, és olvasóként ez is érdekel.

Számos olyan platform létezik, amely lehetővé teszi a szerzők számára, hogy műveiket NFT-k és intelligens szerződések segítségével publikálják és terjesszék. A platformok számos, a szerzők és kiadók számára ismert szolgáltatást is nyújtanak, többek között valós idejű értékesítési adatokat (pl. hány példányt adtak el). A platformok lehetővé teszik a fiat pénznemekben történő fizetést is, ezért nem kötelező kriptotárcával rendelkezni.

Az intelligens szerződések használata lehetővé teszi a szerzők és más tartalomgyártók számára, hogy meghatározzák műveik jogait és korlátait, és a weboldalak szerint a technológia alkalmazásával hatékonyan küzdenek a hamisítványok és más digitális csalások ellen. Az alapul szolgáló blokklánc-technológia a szerzőt konkrét művekhez köti, amelyek igazolják, hogy ki az eredeti kiadó.

Az intelligens szerződések kreatív felhasználásával egy könyv eladása a hétköznapiból rendkívülivé válhat. Egy szerző használhatja az okosszerződéseket gyűjtői kiadás létrehozására, vagy meghívást adhat hozzá olyan privát offline eseményekre, mint egy borkóstoló vagy egy ingyenes workshop. A lehetőségek szinte végtelenek, hogy mit lehet beletenni.

Valós világbeli alkalmazás

Gary Vaynerchuk vállalkozó egy olyan ajánlatot tett, amely szerint bárki, aki 12 példányt vásárol új könyvéből, kap egy NFT-t. Az eredmény? Több mint egymillió könyvre kapott előrendelést. Hogy reálisak legyünk, nem mindenkinek van ekkora közösségi média követői tábora, hogy ennyi könyvet tudjon előrendelésként eladni.

Az általánosabb írók statisztikái sajnos nem ennyire jövedelmezőek. Az általam látott eladási statisztikák egyszámjegyűek voltak. Sajnos a jelentésekből nem derült ki, hogy mit tartalmaznak ezek az NFT-k. Csak alapfájlok voltak? Vagy tartalmaztak-e olyan extrákat, mint például egy eseményre való belépés, vagy ha limitált kiadásúak voltak, stb. Amíg nincs erősebb másodlagos piac az NFT-könyvek számára, addig a kevésbé ismert írók pénzügyi ösztönzői nem túl nagyok... ebben a pillanatban.

A múzeumok Metaverzuma: Múzeumok tokenizálják a hozzáférést

A művészeti intézmények számára a metaverzum érdekes lehetőségeket kínálhat, amelyek vizsgálata néhány múzeumban még csak a kezdeti szakaszban van. Az egyik ötlet, amelyről hallottam, hogy a múzeumok gyűjteményeik tokenizált változatát kínálhatnák. Ezt a múzeum Metaverzumon belüli helyéről tennék, ahol a virtuális világban eladásokat és kiállításokat tarthatnának.

Miért fontos ez? Sokan nincsenek tisztában azzal, hogy amikor múzeumokat látogatunk, a múzeumok tényleges gyűjteményeinek csak egy töredékét láthatjuk*. Az NFT-k használata lehetőséget kínálhat arra, hogy a múzeumok tartalékgyűjteményeinek nagyobb részét pénzzé tegyék és digitálisan kiállítsák. Hogy ennek mi lehet a teljes jogi vagy művészeti jelentősége, azt nem tudom, de nyugodtan írhatom, hogy sokan vizsgálják a lehetőségeket.

*A New York-i MoMA-ban (The Museum of Modern Art) dolgoztam nyári alkalmazottként, amíg egyetemre jártam, és megerősíthetem, hogy amit egy átlagos múzeumlátogatás során lát, az csak egy kis része annak, amit birtokolnak.

MIT TARTOGAT AZ NFT-K JÖVŐJE?

Mit tartogat az NFT-k jövője? Én nem tudom pontosan, de ki tudja? Amikor évekkel ezelőtt valaki megkérdezte tőlem, hogy mit gondolok a Bitcoin jövőjéről, ugyanezt a választ adtam. Őszintén válaszoltam. Ez az ismeretlenség azzal kapcsolatban, hogy mire számíthatunk a jövőben, néhány befektető számára az NFT-k vonzereje. Ez az a kritikus pont, amit sok szkeptikus figyelmen kívül hagy.

A következő néhány oldalon megosztok néhányat a szerintem valószínűsíthető jövőbeli forgatókönyvek közül. Ezek némileg a kriptopiacokon és más alternatív befektetési piacokon megfigyelhető piaci érettség és növekedés mintáján alapulnak.

Megnövekedett volumen és verseny

A kereskedési volumenek a platformokon továbbra is növekedni fognak. Az Opensea, az NFT-k legaktívabb piactere nagyobb versenyt fog látni, különösen a Coinbase azon híre után, hogy saját piactérrel lépnek be a piacra. Rengeteg más vállalat, művészek, befektetési alapok, profi sportolók, csalók (szomorú, de igaz) és mások is beszállnak, még az Egyesült Királyság kormánya is.

Az NFT-eszközök piaca robbanásszerűen növekszik. Az értékesítés a 2021-es 17 milliárd dollár körüli összegről e könyv megírásának idejére drámai mértékben, közel 37 milliárd dollárra nőtt. Azt is fontos megérteni, hogy ezek a számok vagy más piaci becslések gyakran nem tartalmazzák az úgynevezett láncon kívüli értékesítést. Ez az NFT-k magángalériákban történő értékesítésére vonatkozik, nem beszélve az egyéb, blokklánc által nem rögzített magáneladásokról. Az ilyen típusú pénzügyi ösztönzőkkel egyre több intézmény fog belépni a piacra. Néhány nagy név a kriptovaluta-világon *kívül is* figyel, és bejelentették, hogy az NFT-ket kiszolgáló platformokkal tervezik belépni a piacra. A Facebook (ma már Meta néven ismert) bejelentette, hogy virtuális világuk a metaverzumban támogatni fogja az NFT-ket.

Az EToro az egyik első tőkepiaci kereskedő, amely belépett a piacra. A kereskedési platformjuk, amely inkább a forex és más eszközosztályokról ismert, nemrég indított egy 20 millió dolláros alapot NFT-k vásárlására. Csendben már korábban is vásároltak NFT-ket néhány ismertebb gyűjteményből, mint például a Bored Ape Yacht Club (BAYC) és mások. Emellett kiadták az "e-Toro.art" nevű NFT-platformot, amely a hasznosság és az általános potenciál alapján finanszírozza az új projekteket. Nyilvános nyilatkozatuk szerint azt szeretnék, ha az eToro platform felhasználóik részesei lennének annak a forradalomnak, amelyet az NFT-k és a Web3 segítségével látnak bekövetkezni.

Mint a kriptók korábbi korszakában, eleinte mindenki nevetett, majd ahogy egyre több pénzt kerestek, az emberek egyre kevesebbet nevettek. A nevetést végül olyan kérdések váltották fel, mint például "hogyan tudok többet megtudni?", és "mi a legjobb módja annak, hogy pénzt keressek ezzel?".

Egy változatosabb piac

Arra számítok, hogy az NFT-k esetében változatosabb ügyféltípusokat fogunk látni. A legtöbb ember nem költ 300 000 dollárt digitális műalkotásokra. Azonban 0 és 300 000 dollár között nagy a mozgástér. Az a személy, aki nem hajlandó 100 000 dollárt költeni, talán 500 dollárt költ kedvenc szuperhős képregényes NFT-jére, vagy egy tinédzser 25 dollárt adhat valami olyanra, amit éppen most menőnek vagy népszerűnek tart.

Kutatásaim során kiderült, hogy a kereskedők körülbelül 10%-a tette ki az NFT-kereskedések többségét. Ez egyetlen piac számára sem egészséges. Az elkövetkező években remélhetőleg a statisztikák a kereskedők szélesebb körét mutatják majd.

A piacnak is ki kell törnie a híres gyűjtemények (CryptoPunks stb.) túlzott dominanciájából. Jelenleg ők teszik ki az NFT-piac közel 50%-át. Piaci dominanciájuk mellett a gyűjtemények átlagos eladási árai meghaladják az átlagbefektető számára elérhetetlen árakat.

Ez tényleg megtörtént!

Annak illusztrálására, hogy milyen gyorsan fordulhat ez a piac, az NFT-univerzum egyik legnagyobb üzletét kevesebb mint egy héttel azután kötötték meg, hogy az előző bekezdésben a piaci sokszínűség szükségességéről írtam. A Yuga Labs, a Bored Ape Yacht Club kollekció tulajdonosa megvásárolta a CryptoPunks kollekció jogait a Larva Labs-től. A CryptoPunks kollekció volt a legértékesebb NFT a piacon.

A jó oldala

A felvásárlással az IP (szellemi tulajdon) jogok és szerzői jogok a Yuga Labs-re szállnak át. A token-tulajdonosok számára a történet még jobb lesz, mivel a Yuga Labs bejelentette, hogy teljes körű kereskedelmi jogokat ad nekik. Mint most már tudják, az iparágban az a norma, hogy egy token nem ruházza át az IP-jogokat stb. Ennek gyakorlati jelentése az, hogy a token tulajdonosok mostantól legálisan monetizálhatják a tokenjeiket saját magánprojektek indításával. Ezek a projektek a ruházati cikkektől kezdve az NFT gyűjteményes tematikus eseményekig terjedhetnek.

A nem túl jó oldala

Most a két legértékesebb gyűjtemény egyesült, ami az NFT-piac koncentrációjának növekedéséhez vezetett. Egy hihetetlenül fiatal iparágban ennyi konszolidáció lassíthatja az innovációt abban az értelemben, hogy kevesebb hangot hallat majd, vagy elriaszthatja azokat, akik be akartak lépni a piacra, de most úgy érezhetik, hogy már túl késő.

A következő lépés a befektetők számára?

Meg kell várnunk, és meg kell néznünk, hogyan fejlődik tovább ez a piac. Mivel az NFT-ket nagymértékben befolyásolják a művészek, az emberek, akik csoportként kreatívak, további innovációkat várok, amelyek túlmutatnak mindenen, amit most és hamarosan el tudok képzelni!

AZ ELSŐ NFT KÉSZÍTÉSÉHEZ SZÜKSÉGES LÉPÉSEK

Mielőtt befejeznénk, megosztom, hogyan készítettem el a saját NFTS-emet, és lépésről lépésre ismertetem, hogy mire van szüksége az induláshoz.

Az én NFT indításom viszonylag könnyen ment. A fiók létrehozásának és a kriptotárca csatlakoztatásának folyamata körülbelül 5-7 percet vett igénybe. Ezután a fájlok feltöltése és az NFT-gyűjtemény leírásának kitöltése további 20 percet vett igénybe. Ezt követően készen álltam az indulásra.

Néhány könyvborítómat használtam fel, hogy utility tokeneket készítsek. Az NFT-k nem csak a borítóim tokenjei; a tanfolyamoktól a tanácsadásig terjedő szolgáltatásokat is tartalmaznak.

Az első NFT készítéséhez szükséges lépések

- Link egy kriptotárcához
- A projekt neve
- A honlapjára mutató link
- A gyűjtemény rövid leírása
- Az Ön által létrehozandó NFT-k kínálata
- Válassza ki azt a blokkláncot, amelyen ki szeretné bocsátani.
- Válassza ki a token típusát (művészeti, utility, gyűjtemények stb.)
- Állítson be egy árat, és döntse el, hogy mennyi jogdíjat szeretne az NFT-jének viszonteladásából.

ÖSSZEGZÉS

Köszönöm, hogy eljutott a *Útmutató az NFT befektetésekhez* című könyv végéig. Ez a könyv különleges helyet foglal el a szívemben, mert ez volt az a könyv, amelynek néhány hetente át kellett írnom részeit, mert a tények folyamatosan változtak. Az NFT világa a hajnalán van, és teljesen nyitott az újításokra. Írtam már más könyveket is a blokkláncról és a kriptovalutákról, és érdekes látni a különböző világok ilyen keveredését a Metaverzummal együtt.

Utolsó tanácsom egyszerűen az, hogy legyünk nyitottak a lehetőségekre. Még ha személyesen nem is kedveli az NFT-ket, nincs ok arra, hogy mesterséges akadályokat állítson valami elé, ami egyúttal kifizetődő befektetés és szórakozás is *lehet.*

Más NFT-vel kapcsolatos könyveim

A többi kripto - blokklánc könyvem, amelyek bizonyítottan segítik a szakembereket és a befektetőket:

A kriptovaluta befektetés következő szintje

Blokklánc: Valós alkalmazásuk és megértésük

A BLOKKLÁNC ÉS AZ INTELLIGENS SZERZŐDÉS FOGALOMGYŰJTEMÉNY

A blokklánc

A blokklánc egyfajta elosztott főkönyvi technológia (DLT). Az elosztott főkönyv replikált, megosztott és szinkronizált adatok, amelyek földrajzilag telephelyek, intézmények vagy országok között vannak elosztva. A DLT a Bitcoin és más kriptovaluták alaptechnológiája.

Különböző embereknek más-más eszköz

A kriptovaluták a legkevésbé fontosak egy blokklánc specialista számára, mert sokkal többre képesek! Ami azt illeti, egyes blokkláncosok, ahogy én szeretem őket hívni, néha bosszankodnak, ha a rendezvényeiken megemlítjük a kriptovaluták témáját.

A kriptórajongók számára a blokklánc a digitális valuták technikai gerince. A fejlesztők az adatok elosztott hálózaton történő tárolására használják, a futuristák számára pedig a decentralizált társadalom megteremtésének eszköze.

Blockchain építőelemek

A főkönyv minden egyes blokkja egy hash-nek nevezett kriptográfiai algoritmus segítségével kapcsolódik az előző blokkhoz. Az összekapcsolt blokkok láncot alkotnak, innen ered a "blokklánc" kifejezés.

A blokklánc egyfajta adatbázis, amely elosztott, és konszenzusos alapon működik. A hálózatban lévő számítógépek, az úgynevezett csomópontok érvényesítik a tranzakciókat, és hozzáadják azokat a blokklánchoz. Mivel nincs központi forrás a változások ellenőrzésére, egy elosztott konszenzus algoritmus segítségével a csomópontok között egyetértés jön létre, hogy minden egyes főkönyvbe ugyanaz a bejegyzés kerüljön.

Decentralizáció: A blokkláncon minden fél hozzáfér a teljes adatbázishoz és annak teljes történetéhez. Minden fél közvetítő nélkül tudja hitelesíteni partnerei rekordjait.

Megváltoztathatatlanság: Minden blokk rendelkezik időbélyegzővel és az előző blokkhoz való kapcsolattal. A blokkok ellenállnak a módosításoknak. A rögzítés után a blokkok adatai visszamenőleg nem módosíthatók az összes későbbi blokk módosítása nélkül. Algoritmusokat alkalmaznak annak biztosítására, hogy az adatbázisban történő rögzítés állandó legyen.

Peer-2-Peer (P2P) átvitel: A kommunikáció közvetlenül a társak között történik, központi csomópont nélkül.

Programozható: A tranzakciók programozhatók. A felhasználók beállíthatnak olyan algoritmusokat és szabályokat, amelyek automatikusan kiváltják a csomópontok közötti tranzakciókat.

Intelligens szerződések

Az intelligens szerződés egy digitálisan végrehajtható szerződés és számítógépes program, amelyet egy blokkláncban tárolnak. Ez a blokkláncok következő generációja, vagy ahogy egyesek leírják, evolúciója. A blokkláncot az elosztott főkönyvek rendszeréből egy újfajta tárolási, átviteli és kommunikációs móddá alakítja át a hálózat részei között.

A megállapodás vagy művelet feltételei kódsorokba vannak foglalva, amelyek bizonyos események hatására végrehajtódnak. A szerződések felhasználhatók a hálózaton végzett alapvető műveletek automatizálására, így nincs szükség megbízható harmadik félre.

Proof-of-Stake (PoS)

Proof-of-Stake (PoS): olyan konszenzusos módszer, amelyben nincsenek bányászok. Ehelyett a csomópontokat csupán kiválasztják a tranzakciók feldolgozására, anélkül, hogy bonyolult egyenleteket kellene kiszámítani és megoldani. A Proof-of-Stake rendszerben a többi csomópont ellenőrzi a blokkot. A csalás megelőzése érdekében a Proof-of-Stake rendszerben a csomópontoknak egy adott mennyiségű valutát egy virtuális széfbe kell zárolniuk. Ezt a valutát büntetésként elveszítik, ha bármilyen szabálytalanságot észlelnek. Ezt a folyamatot tétgyűjtésnek nevezik, és úgy tekinthető, hogy hasonlóan működik, mint a Proof-of-Work (PoW) rendszerekben a bányászat, de a hatalmas energiaráfordítás nélkül. Minél több valutát tesz fel egy csomópont, annál nagyobb az esélye annak, hogy kiválasztják a következő blokk létrehozására.

Példák a PoS kriptovalutákra: Tezos, Ethereum

A könyvemből: **Blokklánc: Valós alkalmazásuk és megértésük (2018)**

ALAPVETŐ NFT, METAVERZUM ÉS JÁTÉK FOGALMAK

Rövid útmutatóm a fogalmakról, amelyek szükségesek ahhoz, hogy jobban megértse ezt a folyamatosan változó NFT ökoszisztémát.

Binance Smart Chain – Egy blokklánc az NFT-k vásárlásához és eladásához.

Discord – Egy azonnali üzenetküldő platform, amely nagyon népszerű az NFT rajongók körében.

ERC-721 – A szabvány, amely lehetővé teszi a nem megmagyarázható tokenek létrehozását.

Ethereum – Egy blokklánc okos szerződés funkcióval.

Flow – A Dapper Labs által indított blokklánc, amelyet játékokra és gyűjteményekre szabtak.

Részleges tulajdonjog – Lehetővé teszi az NFT részleges tulajdonjogát. A vevők annyi mennyiséget vásárolhatnak, amennyit szeretnének, vagy amennyit a pénztárcájuk megenged. Az eladók eladhatják a műalkotás részeit.

Helyettesíthetőség – Olyan áru vagy árucikk, amelynek egyes egységei felcserélhetők. Például egy kiló tiszta arany egyenértékű bármely más kiló tiszta arannyal. Más helyettesíthető példák közé tartozik a nyersolaj, a részvények, a kötvények, a valuták. Egy gyémánt vagy egy festmény nem, mivel mindegyik egyedi.

Hashmasks – Egy 70 művészből álló csoport által készített digitális alkotások, amelyek a világ minden tájáról származnak. A

Hashmasks abban az értelemben különleges, hogy a fogyasztók bizonyos fokú kontrollt gyakorolnak a műalkotások felett. A Hashmasks szerint a tokenek tulajdonosai a névváltoztató token (NCT) segítségével hozzájárulhatnak a maszk befejezéséhez, azáltal, hogy egy általuk választott nevet adnak neki.

InterPlanetary Fájlrendszer - Az NFT adatok tárolásának módja.

Metaadatok - Ezek azok az adatok, amelyek meghatározzák a tulajdonjogot és megkülönböztetik az egyik NFT-t a másiktól. A metaadatok lehetnek a láncban vagy azon kívül.

MetaMask - Egy kriptotárca, amely kapuként szolgál az NFT ökoszisztémához. Olyan NFT-alkalmazások elérésére szolgál, mint az OpenSea, a Rarible és számos más.

NBA Top Shot - Egy olyan piactér, ahol az emberek kedvenc kosárlabdajátékaik kiemelő klipjeivel kereskedhetnek, hasonlóan a baseball- vagy futballkártyák cserélgetéséhez. Az NBA Top Shot a Nemzeti Kosárlabda Szövetség (NBA) és a Dapper Labs együttműködése.

Nifty Gateway - Egy népszerű NFT piactér, ahol digitális műalkotásokat lehet vásárolni és eladni. Ők "Nifties"-nek hívják őket, ami náluk az NFT-ket jelenti.

Láncon belüli metaadatok - Az okos szerződésben elhelyezett metaadatok.

Láncon kívüli metaadatok - A blokkláncon kívül tárolt metaadatok.

Hasznosságra összpontosító NFT-k – Az NFT-k következő lépése, gyakorlati felhasználási példák bemutatása. Eddig néhányat csak különleges, meghívásos események vagy projektek számára kódoltak hasznossági célokra. Az ilyen típusú NFT-kkel valóban az innovációk kezdetén járunk.

A SZERZŐ PROFILJA

Wayne Walker egy globális tőke- és kriptopiaci oktatási cég (gcmsonline.info) igazgatója. Több éves tapasztalattal rendelkezik befektetési tanácsadói csapatok vezetésében és felkészítésében, és a Bench Mark Earnings (BME) alapján a legjobban teljesítő csapatokat irányította a privát ügyfélcsoportban.

FORRÁSOK

nterjúk NFT befektetőkkel, TEDx előadás az avatárokról, *A kriptovaluta befektetés következő szintje, Blokklánc: Valós alkalmazásuk és megértésük (Wayne Walker)*, Linas Beliūnas innen: Linas's Newsletter, Yahoo finance, nftfi.com, nonfungible.com, Kulturmonitor.dk, macabris.com, Twitter "NFTtheft", esports.net, Creatokia, IntoTheBlock, HBR.org.

www.ingramcontent.com/pod-product-compliance
Lightning Source LLC
Chambersburg PA
CBHW031404160726
47993CB00003B/1108